FOUILLES

ET

SÉPULTURES MÉROVINGIENNES

DE L'ÉGLISE SAINT-OUEN DE ROUEN

Décembre 1884 — Février 1885

PAR

LE COMTE D'ESTAINTOT

PARIS

ALPHONSE PICARD, LIBRAIRE-ÉDITEUR

82, RUE BONAPARTE, 82

—

1886

FOUILLES

ET

SÉPULTURES MÉROVINGIENNES

DE L'ÉGLISE SAINT-OUEN DE ROUEN

FOUILLES

ET

DE L'ÉGLISE SAINT-OUEN DE ROUEN

Décembre 1881 — Février 1885

PAR

ALPHONSE PICARD, LIBRAIRE-ÉDITEUR

82, RUE BONAPARTE, 82

—

1886

FOUILLES

ET

SÉPULTURES MÉROVINGIENNES

DE L'ÉGLISE SAINT-OUEN DE ROUEN

Décembre 1884 — Février 1885

La Fabrique de l'église Saint-Ouen a fait exécuter, dans le dernier mois de l'année 1884, des fouilles importantes qui se sont prolongées jusqu'à la mi-février et étaient nécessitées par la construction d'un calorifère, sur les plans de M. Sauvageot, architecte diocésain, spécialement préposé aux travaux du monument par le ministère des Beaux-Arts.

Ces fouilles, qui devaient atteindre dans la nef centrale une profondeur de près de 5 mètres, commençaient à l'est, en face le premier pilier à partir du transept, et s'étendaient vers l'ouest jusqu'au quatrième pilier, sur une longueur de près de 20 mètres et une largeur d'environ 8 mètres de tranchée ; elles devaient latéralement être poussées jusqu'aux fondations des piliers actuels.

En outre, à chacune des extrémités de cette fouille, un prolongement de 6 mètres, sur une profondeur de 2^{m}50 environ, était nécessité par l'établissement des prises d'air ; au midi, trois autres tranchées de même profondeur s'avançaient jusqu'au milieu de la basse nef ; deux d'entre elles devaient servir à l'établissement des bouches de chaleur ; celle du milieu, un peu plus profonde et traversant le mur extérieur du bas-côté, devait procurer l'accès souterrain du calorifère.

Du côté du nord, trois tranchées similaires : celle du milieu, prolongée vers l'est et contournant la chapelle des Sept-Douleurs, devait conduire la fumée jusqu'à l'entrée latérale, proche l'Hôtel-de-Ville.

L'importance de ces travaux semblait devoir fournir quelques renseignements nouveaux pour l'histoire du monument et l'assiette des édifices religieux antérieurs, dont la ruine successive est attribuée par les anciens mémoires aux désastres des invasions, ou aux incendies qui, à diverses époques, ravagèrent la ville de Rouen ; aussi furent-ils suivis avec le plus grand soin par plusieurs membres de la Commission départementale des Antiquités. Un procès-verbal fut dressé par leurs soins ; nous nous sommes donné la mission d'en résumer les points les plus saillants.

I

Les auteurs les plus accrédités considèrent l'église actuelle comme la quatrième ou même la cinquième de celles qui s'élevèrent sur ce sol privilégié.

Dom Pommeraye indique, comme la première en date, celle que fit construire Clotaire Ier, à la prière de

saint Flavius ou saint Filleul, archevêque de Rouen, de
525 à 542.

Fridegode en a fait une description magnifique, mais
il n'en parlait que par tradition, puisque cette église
aurait été détruite par les Normands en 842.

Sans doute la nouvelle église, qui surgit des ruines.
fut celle à l'embellissement de laquelle les ducs Guillaume Longue-Épée. Richard Ier et Richard II devaient
consacrer des dons considérables.

Quoi qu'il en soit, on considère, comme une troisième
église, celle que l'abbé Nicolas de Normandie com-
mença en 1035, qui fut dédiée en 1126, puis brûlée
dix ans après en 1136.

Un quatrième édifice fut alors commencé ou réparé,
et subsista tout au moins jusqu'au grand incendie de
1248, qui détruisit une partie de la ville ; il fut plus ou
moins incomplètement rétabli jusqu'à l'époque où l'abbé
Jean Marc-d'Argent jeta, en 1318, les fondations de
l'église actuelle.

On rattache à l'une de ces églises primitives l'ancienne *Tour aux Clercs,* qui se trouve à l'extrémité
nord-est du transept. Le seul fait utile à retenir c'est
que le niveau actuel de cet édifice ou chapelle est à 1^m50
en contre-bas du sol de l'église.

Nous venons de résumer ce que nous fournit la tradition ; voici maintenant ce qui a été affirmé par les
fouilles. De chaque côté de la nef centrale actuelle, au
nord comme au midi, on a retrouvé entre les assises des
piliers, les fondations de trois anciens piliers, offrant
des dispositions similaires : un massif carré oblong,

ayant 1^{m}50 de côté, 1^{m}23 de face vers la grande nef et la basse nef. Dans les piles du midi, les dimensions sont un peu plus fortes, 1^{m}88 et 1^{m}40.

Sur chaque face une demi-colonne, large de 0^{m}50, fait saillie de 0^{m}25 à 0^{m}30.

Sur chaque côté, deux demi-colonnes de mêmes dimensions supportaient l'arcature au-dessus de laquelle s'élevait le mur de la grande nef.

Seulement, ces piles parfaitement similaires et parallèles, sauf certaines déviations au nord et au midi. offraient cette différence caractéristique que le niveau des piles, au nord, était de 0^{m}20 en contre-bas du niveau des piles au midi (1).

Cette différence n'était pas la seule. Les piliers du midi avaient été revêtus, du côté de la fouille, par un travail en maçonnerie en forme d'éperon, et ce travail, qui a pu être observé jusqu'à 0^{m}40 du niveau actuel, n'enveloppait pas seulement les fondations des anciennes piles, mais les parties ravalées et l'embase des colonnes dont nous venons de parler.

La différence des ciments employés dans la pile primitive et des ciments du revêtement n'était pas moins caractéristique de ces modifications successives que la nature du travail lui-même.

Du côté du nord ces anciens piliers reposaient sur

(1) Le pilier du bas-côté du midi, faisant face à la pile intermédiaire, était lui-même assis à un niveau inférieur de 0^{m}20 à celui de la pile à laquelle il faisait face.

Il y a dans cette dénivellation successive un problème intéressant à signaler.

fondations non retouchées, mais faites assez irréguliè-
rement, et dans lesquelles les fondations des nouveaux
piliers se trouvaient confondues.

BASE ET CHAPITEAUX ROMANS

La présence de ces antiques constructions donne à
résoudre la question de l'époque à laquelle elles se rat-
tachent.

2

Nous nous bornons à la poser, en rapprochant, pour ceux qui tenteront de l'étudier, le dessin très intéressant de l'un des chapiteaux retrouvés noyés dans le blocage des piliers et des murailles, et qui couronnaient évidemment les demi-colonnes dont on a retrouvé les fûts.

Le premier, laissé à l'angle sud-ouest des fondations du troisième pilier au nord, ne présentait d'autre ornement que la volute ionique.

Le second, laissé à l'angle sud-est du même pilier, haut de 0m15 (peut-être n'est-il pas entier), large de 0m80, était divisé dans sa hauteur en trois parties : la partie inférieure ayant 0m25 ; la partie intermédiaire 0m07, et la partie supérieure 0m15. Elle offrait une succession de cannelures, s'évasant de bas en haut, sur lesquelles, à 0m25 du bas, se détachaient en relief des dents de scie, ayant 0m05 de haut, et embrassant au nombre de huit et demi tout le tour du demi chapiteau.

Enfin, les deux derniers présentent des sortes de godrons, aux bords légèrement relevés, d'où s'échappent la double volute ionique ; M. de Vesly a bien voulu en relever très exactement la forme et les proportions.

Maintenant à quelle époque se rapportent ces piles ? Est-ce à l'église du vie siècle ou à celle du xie ?

Nous sommes disposé à voir dans ces fragments un spécimen de roman normand et à rattacher ces épaves archéologiques à l'église de l'abbé Nicolas de Normandie ; mais un membre éminent du Comité des travaux historiques, M. Bruyère, s'est rendu sur les lieux; il doit coordonner ces débris épars, réunir tous les renseignements que peut fournir la provenance et la taille de la pierre, rattacher entre elles toutes les cotes de nivellement et d'assiette prises avec le plus grand soin, les rapporter à celles de la *Tour aux Clercs*, et prononcer, avec l'autorité qui lui appartient, sur ce point intéressant.

Au moins une chose reste-t-elle aujourd'hui acquise, c'est que les églises primitives, et tout au moins celle du XIe siècle, recouvraient la partie du sol occupée par l'église actuelle; que la nef centrale de cette église s'étendait au moins jusqu'à la hauteur du petit portail du midi; que ses dimensions en largeur étaient sensiblement les mêmes (11^m36 église primitive, 11^m25 église actuelle) ainsi que l'éloignement des piliers, d'axe en axe (6^m72 et 6^m80); la dimension des bas-côtés seule était sensiblement plus étroite.

Les fouilles ont, en outre, permis de faire certaines constatations précieuses.

À 0^m90 du sol actuel, sous le banc d'œuvre, se trouvait un dallage en carrelages émaillés, couvrant évidemment un coin perdu de l'ancienne église; car le pavage, fait sans soin avec des restes de carrelage, ne comprenait que la partie latérale gauche des pavés qui avaient dû être employés ailleurs à un travail soigné.

On y rencontrait confondus le lion héraldique, la fleur de lys, l'écusson losangé, des fragments de rinceaux, s'enlevant en jaune sur un fonds brun; tous offraient de l'intérêt à cause de la date évidente qui les rattache au XIIIe siècle, mais surtout l'un d'entre eux, qui devait faire partie intégrante de l'ornementation d'une rosace ayant près de 7 mètres de diamètre (1). Il représentait un moine à la tonsure nettement accusée, à la figure glabre, dessiné en pied, les bras pliés et les mains élevées vers le ciel, sous une arcature trilobée.

Chose assez singulière, à ce niveau de la fouille, en contre-bas du dallage actuel, se constataient les traces évidentes d'un incendie considérable, rendues sensibles par la présence d'une couche de charbon de 7 à 8 centimètres d'épaisseur. On la retrouvait au-dessous de la chaire actuelle, à 0ᵐ60 en contre-bas du dallage, sur une longueur de plus de 2 mètres.

Les mêmes traces d'incendie se révélaient, à un niveau bien inférieur à celui de 3 mètres, au-dessous d'une grosse pierre, sorte de bloc erratique qui apparaissait dans la profondeur de 2 à 3 mètres. Là, la couche atteignait plusieurs centimètres, comprenant une épaisseur considérable d'argile réduite en conglomérat par la cuisson (0ᵐ12) et recouverte de près de six centimètres de charbons et de cendres noires. Cette couche se prolongeait sensiblement sur une longeur de plusieurs mètres.

Enfin les mêmes traces non équivoques d'incendie se présentaient à l'extrémité ouest de la grande fouille, au-dessous des tombeaux les plus profonds, constatés plus tard à la cote de 3 à 4 mètres.

Elles ont de l'importance, en ce qu'elles permettent d'affirmer qu'aux époques où ces sinistres se sont pro-

(1) Le pavé avait 0ᵐ168 de long, 0ᵐ022 d'épaisseur, 0ᵐ105 dans le haut, 0ᵐ084 dans le bas. Il est en terre rouge vernissée sur les tranches.

duits, cette partie du sol normand était couverte d'édifices considérables, dont les vestiges calcinés ont laissé dans la terre ce dernier témoignage de leur existence disparue.

Du reste, à la partie la plus profonde de la fouille, celle qui devait servir d'assise au calorifère et que les plans de l'architecte devaient recouvrir d'une couche de béton, on a été tout étonné de retrouver, sur une longueur de 5 à 6 mètres et une largeur de 2^m60, une couche de béton solidement aggloméré, qui a été naturellement respecté.

On était là arrivé au niveau du sol romain, et chose assez curieuse, si l'on admet avec quelques savants que, dans nos cités, le sol subit une élévation progressive d'environ 33 centimètres par siècle, il se trouve que le dallage actuel (qui date d'ailleurs du XVIe siècle mais est au niveau du sol extérieur) nous donnerait un intervalle de quinze siècles entre cette époque et celle de l'occupation romaine, ce qui serait assez exact.

Si l'on se laissait aller à la tentation d'appliquer des dates à ces traces d'incendie, on serait porté à attribuer les premières et plus élevées, à l'incendie de 1248, les intermédiaires à l'incendie de 842, et d'en conclure que tout ce qui se trouverait au-dessus de ce niveau, tombeaux ou vestiges d'architectures, se référerait à une date postérieure, et tout ce qui se trouverait au-dessous, à la période gallo-romaine ou mérovingienne.

Mais peut-être les renseignements fournis par les tombeaux concordent-ils mal avec cette hypothèse.

Toutefois, avant de nous appesantir sur cette partie

des découvertes, nous terminerons ce qui a trait aux détails architectoniques, ou purement archéologiques.

II

Des débris de quelque intérêt ont été retrouvés à la profondeur de 3 à 4 mètres : fragments d'inscriptions de quelques centimètres, peints sur enduit, et dont les capitales romaines s'enlèvent en blanc sur fond brun, mais de trop peu d'importance pour offrir un sens ; on lit : NDI — AM — VII — on les croit de l'époque carlovingienne ; un petit fragment de mosaïque noire, dont les cubes sont noyés dans du ciment rouge ; des plaques de marbre blanc, ayant servi de revêtement ; des fragments de poteries en terre fine de Samos, de la meilleure époque, sur l'un desquels on voit une marque de potier, où l'on croit lire : OF. PR...I. C'est la moitié d'un de ces vases élégants, connus sous le nom de *Phiole,* sorte d'écuelle plate sans anses et sans pied, dont le fond un peu bombé recevait le nom d'*Omphalos.* Le fragment que nous avons eu sous les yeux appartenait à un vase large de 0^{m}17, haut de 0^{m}03.

D'autres fragments plus communs, en poterie de Lezou, sont décorés sur la panse d'élégants rinceaux ou de sujets de chasse.

Ailleurs, dans un caveau vide, situé entre les piliers au-dessous de la chaire, des fragments de moulures en plâtre, paraissant appartenir à la période ogivale primitive et décorés de peintures représentant des rinceaux aux tons gris et noirs ; plus loin des pierres cubiques,

revêtues de stuc rouge ; enfin une sorte de clef de voûte
à demi brisée, représentant la partie inférieure et latérale gauche d'un enfant nu, de sexe masculin, figuré les
jambes fléchies, comme accroupi ; cette clef de voûte était
circonscrite par un boudin circulaire.

Plus loin, en avançant vers le chœur, et à 0^{m}50 du
parement extérieur du mur du calorifère, un mur transversal, épais de 1^{m}60.

A 1^{m}07 au-delà, un petit mur, en arc de cercle,
de 1^{m}35 de rayon, en petit appareil, se raccordait à un
mur droit ; les parements de ces deux murs regardaient
l'occident. Cette petite construction occupait à peu près
le centre de la tranchée. Sa fondation n'était pas à plus
de 2 mètres du niveau actuel ; à côté et se confondant
presque avec le côté nord de la tranchée, un ancien
mur paventé, dont les fondations sont à 0^{m}80 en
contre-bas du dallage ; on y remarque sur une des
pierres de faux traits à l'ocre brune et une marque de
tâcheron, haute de 0^{m}15, présentant une sorte de crosse
légèrement renversée.

Et pêle-mêle dans la fouille, des fragments de mou-
lure ornementés de billettes, des pierres de parement,
sur lesquelles se remarquent des joints tracés à l'ocre
brune, des fragments de fûts de demi-colonnes, larges
de 0^{m}34, faisant saillie de 0^{m}17 et présentant les mêmes
traits.

Cette pierre, d'un blanc très mat, d'un grain assez
fin, est considérée par les ouvriers comme pouvant provenir des carrières de Bihorel.

Telles sont les principales constatations que nous

avons pu faire, il nous reste à parler maintenant des tombeaux dont l'existence a été révélée par les fouilles.

III

La tradition place dans l'église Saint-Ouen le souvenir d'antiques et royales sépultures.

D. Pommeraye, rapporte, à la page 116 de son *Histoire de l'Abbaye*, un passage de Fridegode, dans le Recueil des actes de Saint-Ouen, d'où l'on pourrait induire que les reines Maldetrude et Bertrude, femmes de Clotaire Ier, fondateur de l'abbaye; que Dagobert, fils de Sigebert, à qui Grimoald fit couper les cheveux; que Childeric, frère de Thierry, avec sa femme Blétilde et leurs fils, y furent successivement inhumés. Il parle ailleurs de l'inhumation de Richard III, duc de Normandie, mort en 1026 (1).

Toutefois le moine bénédictin est obligé de reconnaître qu'à l'époque où il écrivait, et même bien auparavant, « il étoit devenu impossible de marquer ces sépultures, à cause des divers changements et de toutes les ruines que cette maison a souffertes (2). »

Il en est de même du lieu d'inhumation des premiers abbés ; à part Nicolas de Normandie et l'abbé Helgot, qui furent, le premier, « enfouy devant le grand autel emmy le chœur... (3) », et plus tard reporté au côté gauche de la chapelle de la Vierge ; le second, « en-

(1) P. 249.
(2) P. 111.
(3) *Ibid.*, p. 255, V. *Gallia Christiana* XI (Palme), p. 143.

terré devant l'autel de Saint-Étienne, à l'entrée de la chapelle, à main gauche (1), quand il arrive aux abbés Guillaume Ier, mort en 1126, Rainfroy, mort en 1150, à l'abbé Frehier ou Fraternus, à Roger de L'Aigle, leurs successeurs, il ne fournit aucuns renseignements, ce qui lui est une nouvelle occasion d'expliquer pour le même motif l'absence de ces tombeaux de marque :

« Que si toutefois le lecteur n'en trouve ici de si curieux, ni de si anciens qu'il pourrait raisonnablement attendre, veu la dignité de ce vieux monastère, qui subsiste depuis onze cents ans, il lui souviendra, s'il lui plaît, d'attribuer ce défaut aux fréquentes ruines que cette maison a souffertes, lesquelles ont fait perdre le souvenir d'un grand nombre de sépultures qui, ayant esté placez dans ces deux premiers temples et dans les bastiments qui en dépendaient n'ont point été translatés dans la nouvelle église. De là vient qu'il ne parait plus aucuns vestiges des tombeaux des abbez Hildebert (mort en 1006), Herfast (mort en 1042), Guillaume Ier,

---

(1) *Ibid.*, p. 259. La *Gallia Christiana* (*ibid.*, p. 144), ajoute : « Quod tunc in vestibulo ad aquilonarem plagam positus erat. » Ce droit d'inhumation dans les églises était, du reste, un privilège des abbés, ainsi qu'en témoigne ce passage de D. Martène, *De antiquis ecclesiæ ritibus*, p. 780, c. xii. — « Singulare fuisse jus abbatum sepeliri in ecclesiâ aut saltem in oratoriis cum alii communiter monachi in cœmeteriis extra cœnobii claustra institutis inhumarentur. » Il ajoute (XIV) : Que les abbés se firent plus tard inhumer « in claustro monasterii », et enfin (XV) dans le Chapitre.

Le même auteur donne, à la page 1128, le cérémonial déployé à l'occasion des obsèques des abbés de Saint-Ouen : *De obitu abbatis S. Audoeni rotomagensis.*

Rainfroy et aultres qui ont gouverné ce monastère après son rétablissement. Par où l'on peut juger que si ceux qui l'ont rebasty se sont peu souciez de conserver ces marques d'antiquité, mesme en ce qui touchoit leurs prédécesseurs, ils auroient eu encore moins de soin de la mémoire des personnes externes qui s'étoient fait inhumer dans l'enceinte de leur abbaye (1). »

Cette remarque de D. Pommeraye explique la surprise qui fut éprouvée lorsque les ouvriers, parvenus à 1^m50 environ de contrebas, heurtèrent quatre sarcophages de pierres alignés les pieds vers l'autel et placés à peu près en face de la chaire actuelle.

Aucun signe extérieur ne prévenait de leur existence possible.

Le premier, du côté de la chaire, était en pierre de vergelé, couvercle tectiforme, la cuve rectangulaire.

Le second, en pierre dure, de Caumont ou de Vernon, le couvercle plat.

Le troisième, en pierre tendre, estimée provenir des carrières de Beaumont (Oise), la cuve arrondie vers la tête ; le couvercle plat débordant de 0^m05.

Le quatrième, en roche de Saint-Maximin, le couvercle légèrement bombé.

Tous et surtout les deux premiers avaient conservé le sable placé sous la tête des défunts ; tous contenaient des débris plus ou moins importants de tissus, à la couleur brune uniforme ; tous présentaient à la droite du squelette les fragments d'un bâton en bois

____

(1) P. 211.

poreux, absolument vermoulu ; tous à leurs pieds avaient encore les semelles de cuir de leurs sandales (1).

Le dernier était remarquable par la conservation des plis des tissus, dont l'épaisseur multiple était saisissable, et laissait apercevoir encore des parcelles visibles de l'or qui les avait décorés. Malheureusement ces tissus étaient presque impalpables et s'effritaient, si on les voulait enlever, en une menue poussière.

Si l'apparence extérieure des sarcophages, aussi bien que l'état de conservation des ossements et des tissus, donnaient à supposer que les restes de ces quatre abbés avaient été confiés à la terre dans l'ordre que nous venons d'indiquer, il eut été difficile de classer d'une manière à peu près rigoureuse l'époque à laquelle on devait reporter leur inhumation, si une inscription gravée sur une plaque de plomb, longue de 0^{m}32 et haute de 0^{m}155, n'avait donné les noms du religieux placé dans la seconde de ces tombes.

On y lisait ce qui suit :

† Hic REQUIESCIT PIE MEMORIEDO
NNVS RINFREDVS MONCHVS ET abbas HVJU
S LOCI QVI ECCLESIAM ISTAM POST
COMBVSTIONEM   ESTAVIT MU
RO CINSIT ET   ET ALII
BONIS DITAVIT.

(1) La présence des sandales répondait à une pensée liturgique : « Mortui habeant et soleas in pedibus quâ significent ita se paratos esse ad judicium. » V. *Bulletin de la Commission départementale des antiquités de la Seine-Inférieure*, tome II, p. 231.

INSCRIPTION DE L'ABBÉ RAINERO

L'inscription occupait par conséquent six lignes de la plaque, que huit traits en creux avaient divisé en neuf lignes parallèles.

Les caractères tracés à la pointe, sans aucune prétention calligraphique, sont un mélange de majuscules et minuscules, de cursive, où l'influence du gothique moderne commence à se faire sentir dans certains caractères, notamment les M, les E et les T.

Cette inscription trouvait son commentaire dans une charte de 1150, rapportée par D. Pommeraye à la page 452 de son *Histoire de l'Abbaye,* et dont nous ne voulons rappeler que les mots qui se réfèrent aux travaux de D. Rainfroy : «... *Operibus magnificis quœ in nostrâ operatus est ecclesiâ...* »

C'est, en effet, sous le gouvernement de l'abbé Rainfroy que fut détruite, par un violent incendie, en 1136, l'église commencée par l'abbé Nicolas de Normandie, et dont la dédicace solennelle avait été faite le 26 octobre 1126, par l'archevêque Geoffroy.

L'inscription dont nous venons de donner le texte, apporte à l'histoire de l'abbaye un renseignement précis ; il en résulte qu'après l'incendie, l'abbé Rainfroy répara l'église ; malheureusement les premières lettres du mot ESTAVIT sont décomposées par l'oxydation de la plaque, qui ne permet pas non plus de lire les mots qui suivaient l'indication du mur d'enceinte élevé par Rainfroy ; toutefois si on se réfère aux termes de la charte, il est permis d'affirmer, qu'avant la démission volontaire que cet abbé fit en 1142 de sa dignité abbatiale, les « travaux merveilleux » qu'il avait accomplis dans l'église devaient avoir fait disparaître les traces de l'incendie (1).

Il resterait à déterminer les noms des abbés qui occupaient les sarcophages voisins du sien. Y aurait-il témérité à supposer que le plus rapproché de la chaire, le sarcophage en pierre de vergelé, était celui de son prédécesseur direct, l'abbé Guillaume Ballot, et que les deux suivants sont ceux de ses deux successeurs, les abbés Fréhier et Roger de l'Aigle.

Il est à remarquer que les tombes ne contenaient d'autres insignes de la dignité abbatiale qu'un simple bâton en bois, sans aucune trace d'incrustation ou d'ornements de métal ou d'ivoire. Le droit pour les abbés de Saint-Ouen de se servir d'ornements épiscopaux ne remonte pas plus haut qu'une bulle d'Alexandre IV, du 26 octobre 1256 ; il est donc permis d'en induire que les tombeaux sont tous antérieurs à cette époque.

Ce sont les seuls qui aient été trouvés intacts à ce niveau des fouilles ; un certain nombre d'autres s'y rencontraient, mais tous avaient été ouverts et l'on n'en a conservé qu'un sarcophage à entaille, en pierre dure. Cette constatation est intéressante à noter ; elle prouve qu'aucune inhumation n'avait eu lieu dans cette partie de l'église depuis la reconstruction de la nef actuelle.

Une autre sépulture datée confirme cette observation : à la limite ouest de la fouille, un tombeau s'est

(1) Orderic Vital (édit. Le Prevost). III, p. 433, assure qu'il avait complètement rétabli les constructions affectées aux moines : « Cujus tempore claustrum, cum aliis monachorum officinis consummatum, specialiter emicuit. »

rencontré dont l'extrémité inférieure faisait seule saillie dans la tranchée ; il contenait les restes d'un moine, reconnaissable à ses sandales de cuir et à des fragments de vêtements de bure. Tout au fond un heureux hasard permit d'apercevoir une plaque de plomb, fortement oxydée (V. procès-verbal. 18 décembre) sur laquelle se lisait l'inscription suivante (1) :

```
XVI.  KAL.  OCTO
RIS       OBII   HV
GO  ARCHIDIACONI
ANNO              DNI
MLVII             XO
```

C'est immédiatement au-dessous du niveau des tombeaux dont nous venons de parler, que les sarcophages apparurent en grand nombre et comme pressés les uns contre les autres. Dans l'épaisseur d'un mètre on en rencontra deux couches étroitement superposées, la

(1) Cette inscription a été rapportée dans un intéressant article. publié par M. G. Prevost, sur les *fouilles de Saint-Ouen*, dans la *Revue de l'Art chrétien*, 3e numéro de 1885, avec cette variante qu'on y lit Archidiacon au lieu de Archidiaconi, qui est bien sur l'inscription.

Il croit pouvoir faire l'attribution de cette tombe à Hugues. archidiacre et chanoine de Rouen. Nous observerons toutefois que le personnage. contenu dans le sarcophage, était revêtu de la robe du moine et avait à ses pieds les sandales monastiques. Les mémoires de l'abbaye n'en font d'ailleurs pas mention, bien qu'ils aient conservé le souvenir de Fulbert. doyen et archidiacre, inhumé à Saint-Ouen, en 1228, après avoir pris l'habit de Saint-Benoît, à ses derniers moments : *Imminente morte*. Il fut enterré dans le cloitre, devant le Chapitre (*Gallia Christ.*, ibid., 115 E).

première contenant quarante et un sarcophages et la couche inférieure dix-huit.

Ces deux couches étaient répandues dans toute la longueur de la fouille, mais surtout à partir de la hauteur de la chaire en allant vers l'ouest.

Immédiatement au-dessous, dans la profondeur de 3 à 4 mètres, nouvelle couche, où nous avons rencontré trente-deux sarcophages, mais qui ne dépassait pas le niveau du second pilier où elle venait buter contre un gros mur ; elle paraissait, en revanche, s'étendre bien au-delà des limites ouest de la fouille (1).

(1) Nous avons essayé de résumer l'ordre et la succession des différents tombeaux avec les numéros que le plan dressé par M. de Vesly leur assigne.

Première couche (niveau de 1 à 2 mètres), les quatre tombeaux d'abbés, un sarcophage à entaille ouvert, trois autres, dont un d'enfant ; c'est l'ensemble de cette première partie de la fouille qu'embrasse la photographie faite le 16 décembre, par M. Witz.

Deuxième couche (niveau de 2 à trois mètres).

Deux étages de sarcophages ; dans l'étage supérieur, 41 sarcophages parmi lesquels, à partir de l'est, les nos 75, 74, 79, 57, 24 (en plâtre), 82, 21, 22 et 30.

Dans l'étage inférieur, dix-huit sarcophages, parmi lesquels les nos 60, 14, 17, 47, 45, 73.

Troisième couche (niveau de 3 à 4 mètres), un seul étage, trente-et-un sarcophages, parmi lesquels les nos 87, 86, 49, 61, 54, 53, 51, 52, 64, 62, 65, 81, 77, 71, 72, 88, 89.

Les numéros que nous citons sont ceux des tombeaux dans lesquels le procès-verbal, dressé par M. de Vesly et nous, a relevé quelque découverte intéressante.

Les numéros des tombeaux de la même couche ne se suivent pas, à cause de l'irrégularité forcée avec laquelle les excavations se sont faites, ils indiquent seulement l'ordre dans lequels les tombeaux ont été mis au jour.

Tous ces sarcophages étaient en pierre de vergelé et affectaient la forme générale des sépultures franques ou mérovingiennes tant de fois mises en lumière par les publications de notre regretté et savant collègue l'abbé Cochet.

Le sarcophage a la forme d'un carré long, plus étroit aux pieds qu'à la tête, les côtés de l'auge sont rectangulaires, le couvercle tectiforme, telle est d'une manière générale, et à deux ou trois exceptions près, la forme de tous ceux qu'on a rencontrés à partir de la profondeur de 2 mètres.

Nous donnons les dimensions du n° 49, de la couche inférieure, pris comme type :

Cuve, longueur....... ...	2^m10
— épaisseur..........	0^m08
— profondeur intérieure	
— à la tête..	0^m42
— aux pieds.	0^m33
— largeur à la tête....	0^m72
— — aux pieds...	0^m45
Couvercle :	
Tête, épaisseur médiane ..	0^m15
— — latérale...	0^m10
Pieds — médiane ..	0^m12
— — latérale...	0^m08

Il est bien entendu que la longueur de 2^m10 n'était pas uniforme, elle variait assez sensiblement ; il y avait entre autres deux sarcophages d'enfants dont les dimensions en longueur ne dépassaient pas 1^{m}10 et 1^{m}05. Les enfants étaient parfois inhumés dans des sarcophages d'adultes, nous en avons trouvé un exemple. Du reste, le plan dressé par M. de Vesly, avec le plus grand soin, et qui reste déposé dans les portefeuilles de la Commission des antiquités, donne à chaque sarcophage ses dimensions exactes.

Le rétrécissement vers les pieds était plus ou moins sensible, parfois presque nul : dans un des types rencontrés, la proportion était exactement la même. Ce rétrécissement était généralement régulier ; dans quelques tombeaux cependant, l'un des côtés était absolument rectangulaire et le rétrécissement était obtenu par l'obliquité d'un seul côté de la pierre, ce qui donnerait à penser que l'ouvrier avait débité deux sarcophages dans un même rectangle de calcaire.

Quelques-uns présentaient dans le fond de la cuve un trou circulaire creusé pour l'évacuation des matières putrides ; dans un seul il avait été creusé dans la partie latérale gauche et était encore bouché par un tampon en pierre qui en remplissait exactement le vide.

Nous avons parlé de la forme du couvercle, tectiforme à l'extérieur ; il consistait en général en une dalle de pierre, plate en dessous, et fermant hermétiquement la cuve.

Deux seulement nous ont offert une disposition caractéristique ; le dessous, au lieu d'être plat, emboîtait la cuve d'une demi épaisseur et était évidé à l'intérieur ; et le dessus, au lieu d'offrir une arête unique, en avait trois, ce qui le divisait en quatre parties égales ; enfin, aux deux extrémités, deux tenons carrés en pierre, aux carres abattues, faisaient saillie de 10 à 12 centimètres et facilitaient le placement du couvercle sur la cuve.

Aucun d'eux malheureusement n'a pu être conservé, la pierre, au contact de l'air, s'étant émiettée en mille morceaux.

Dans toute cette série, les cuves étaient monolithes ; nous n'avons trouvé qu'un seul tombeau dont la cuve fût divisée en deux morceaux et raccordée par le milieu (n° 87).

La forme en était légèrement convexe, avec une largeur de 0^{m}52 au milieu et de 0^{m}36 à la tête et aux pieds.

Le n° 72 (19 décembre), à la cuve monolithe, offrait seul une disposition analogue.

Avant de cesser de parler des sarcophages, disons un mot des rares spécimens en plâtre que nous avons rencontrés.

L'un était écrasé par le cercueil de l'abbé Rainfroy, l'autre était un peu plus à l'ouest.

Sur le couvercle plat se dessinait en relief un boudin en forme d'arbre central, dans le haut duquel venaient se greffer obliquement comme deux bras de croix terminés également en boudin.

A l'extérieur de la cuve, à la tête et aux pieds, était figurée une croix inscrite dans un cercle avec quatre demi rayons partant du milieu des sections du cercle.

Ce cercueil a pu être conservé et figurera au Musée des Antiquités.

Il est à remarquer que ces différents sarcophages, de
provenance uniforme (pierre du bassin de Paris), sem-
blent presque tous antérieurs à l'époque carlovingienne,
à laquelle M. l'abbé Cochet donne pour caractère une

SARCOPHAGE MÉROVINGIEN EN PLATRE

apparence massive et pour provenance les carrières du pays.

« Ces sarcophages lourds et massifs, écrit-il (*Bullet. de la comm. des Antiq.*, II, p. 238) sont en pierre du pays, d'un seul morceau ; ils viennent ou de la carrière de Bihorel, qui appartenait aux moines de Saint-Ouen, probablement depuis la fondation du monastère, ou bien des carrières de Caumont, exploitées, pendant tout le moyen âge, sous le nom de *Val des Leux*. Ils sont presque égaux aux pieds et à la tête, les pieds sont généralement amoindris comparativement au haut du corps. La forme pesante et rude de ces sarcophages a quelque chose des tombeaux romains des v⁰ et vi⁰ siècles. La forme du couvercle, presque toujours d'une seule pièce comme les auges elles-mêmes, a quelque chose de bombé et de demi circulaire, mais ce qui les distingue entièrement des cercueils antiques, c'est un emboîtement circulaire pour la tête, pratiqué à même la roche. Ici l'emboîtement est rond, tandis qu'il est carré dans les cercueils faits de plusieurs morceaux. »

Avant de parler des objets intéressants que nous avons rencontrés dans les sarcophages, faisons encore deux observations.

Un fait indiscutable, c'est que tous ceux qui se trouvaient à la limite sud de la fouille, contre les fondations des piliers, étaient remplis de matériaux et d'ossements mélangés ; quelques-uns avaient été brisés latéralement et les ouvriers avaient jeté pêle-mêle les ossements épars rencontrés dans leurs fouilles. Contre un mur transversal rencontré au milieu de la fouille, une sorte de caisse en vergelé, de la grandeur d'un demi sarcophage, était remplie d'ossements ; un autre sarcophage (n° 27) contenait quatre ou cinq crânes réunis.

La même remarque a été faite pour les sarcophages des deux couches supérieures, dont un petit nombre étaient intacts, tandis que la plupart étaient remplis de décombres, ou offraient l'apparence d'inhumations multiples avec des ossements mélangés, entassés sans précaution.

Mais ce qui nous paraît surtout curieux à retenir, c'est que les observations générales que nous avons eu l'occasion de faire, quant au niveau occupé par ces sarcophages, à leur entassement et à l'absence que nous avons dû constater de vases et de monnaies, avait été faite avant nous par M. l'abbé Cochet, lorsqu'en 1871 il explora une partie du cimetière de l'antique abbaye située dans le jardin de Saint-Ouen, entre la grille et le portail des Marmousets (1).

Il y rencontra comme nous deux cercueils de plâtre, trouva à la même profondeur les couches successives de cercueils en pierre de vergelé de l'époque mérovingienne, les mêmes couches de terres cuites et de fragments carbonisés, la même absence de vases funéraires, de monnaies, et un nombre fort restreint d'objets de quelque valeur.

Il y aurait entre ces fouilles, à l'intérieur et à l'ex-

(1) *Bulletin de la Comm. des Antiquités de la Seine-Inférieure*, t. II, p. 216.

térieur de l'église, des rapprochements à faire qui seraient du plus vif intérêt; nous nous contenterons de les signaler.

Nous terminerons cette revue rapide par l'indication des objets les plus intéressants que nous avons rencontrés (1).

IV

Parlons d'abord des armes.

Quinze sarcophages seulement nous ont offert des fragments d'armes bien caractérisés; ils portent sur le plan dressé par M. de Vesly les n°s 49, 14, 47, 30, 62, 51, 60, 17, 80, 87, 88, 89.

Ce nombre respectable de sarcophages eut offert un champ assez vaste aux observations, si le métal de ces armes, toutes en fer, et l'humidité constante au milieu de laquelle elles se sont trouvées placées depuis l'inhumation, n'avaient eu pour conséquence de les vouer à une détérioration malheureusement irrémédiable.

Les épées, les poignards, les couteaux sont absolument décomposés par l'oxydation et réduits en parcelles sans intérêt; quelques poignées, protégées davantage par le bois qui les enveloppait, offrent encore la forme générale de l'arme; mais de ce côté l'archéologie n'a véritablement fait aucune conquête.

Il faut en excepter peut-être deux ou trois haches

(1) Tous ces objets ont été gracieusement offerts par la Fabrique de Saint-Ouen au Musée départemental des Antiquités, et y sont actuellement déposés.

ou francisques assez bien conservées. Elles rappellent d'une manière fort exacte les types donnés par M. l'abbé Cochet, à la page 133 de la *Seine-Inférieure archéologique*.

Il en est de même des fers de flèches, de lances ou d'angons, donnés par le même auteur, à la page 131 du même ouvrage : les fouilles de Saint-Ouen en ont révélé un certain nombre de spécimens plus ou moins oxydés, ce qui permet d'une façon incontestable d'en rattacher le groupe le plus important aux sépultures franques ou mérovingiennes.

Une arme doit toutefois faire l'objet d'une mention spéciale, à cause de son incontestable antiquité, qui permet de la reporter au ve ou vi^e siècle de notre ère, de sa rareté et de son bon état relatif de conservation.

Nous voulons parler d'un fauchard en fer trouvé dans le sarcophage n° 71 (1), à la partie tout à fait inférieure de la fouille, contemporaine des premières inhumations faites dans l'église. L'arme avait appartenu à un grand personnage ; c'est un des rares sarcophages, où se trouvait aux pieds la bouclerie complète en bronze ayant servi à attacher les lanières des chaussures ; de nombreuses parcelles de tissu et de galons d'or furent recueillies, mélangées aux détritus de la sépulture. Et d'ailleurs, si la profondeur à laquelle elle a été trouvée indique sa haute ancienneté, la rareté de l'objet dont nous parlons n'est pas moins évidente si

(1) V. notre procès-verbal.

nous constatons que, dans son volume sur la *Seine-
Inférieure historique et archéologique*, l'abbé Cochet
n'en cite pas un seul exemplaire, et que ce fut seulement à une date ultérieure à Douvrend, en 1865, à Nesle-
Hodeng, en 1869, qu'il en rencontra deux spécimens
semblables ; à la séance du 23 janvier 1873 (1), M. G.
Gouellain en soumettait à la Commission des antiquités
un autre spécimen très oxydé, indiqué comme trouvé
dans l'Orne.

Le second volume des *Procès-verbaux* de cette Commission (2) contient un dessein assez rudimentaire du
fauchard de Douvrend. Si les proportions en sont exactes,
il n'aurait eu qu'une longeur de 0^m34 à 0^m35 centimètres. M. Cochet le décrivait ainsi : « L'arme la plus
étrange qui se soit présentée est une espèce de faucille
ou crochet tranchant et recourbé, muni au dos d'un
dard ou d'une pointe. Nous reproduisons ici cette arme,
dont l'analogue ne nous était pas encore tombé sous la
main et que nous n'avons jamais vu figurer dans aucun
recueil d'archéologie germanique. Nous la supposons
une arme, parce que nous l'avons rencontrée aux pieds
d'un mort, à côté d'une lance. »

Dans la note qui accompagne le texte, M. l'abbé
Cochet indique que M. Thaurin avait recueilli un objet
analogue, dans les grands travaux de Rouen, en 1865,
et il ajoutait que M. de la Sicotière lui avait assuré que
l'outil de fer trouvé à Douvrend, était encore en usage

(1) *Bulletin de la Commission des Antiquités de la Seine-
Inférieure.*

(2) P. 365.

dans le département de l'Orne et qu'il y portait le nom de *fauchard;* on l'emploie habituellement à élaguer les haies et les arbres le long des chemins.

Le fauchard de Saint-Ouen n'a évidemment jamais servi à un pareil usage. Que ce fût une arme de guerre, la question ne peut être sérieusement discutée ; placé à la droite du mort, son extrémité supérieure dirigée vers les pieds, il y occupait la place habituellement réservée à la lance. M. de Vesly en a soigneusement relevé les proportions et arrêté la forme, dans un dessin destiné à la Commission des antiquités.

Il s'emmanchait sur une hampe de bois, dont on n'a pu retrouver que des traces ; il y était fixé par un rivet que recouvraient deux cache-rivets en bronze, d'une forme élégante.

Voici quelles étaient ses proportions : longueur de la douille, 0^m160 ; longueur totale du fauchard, 0^m490 ; la partie recourbée du haut avait 0^m10 de largeur totale ; la lame, 0,04 de largeur à la base, 0^m036 à sa partie la plus étroite.

Mais ce que cette arme avait de particulier outre son tranchant intérieur et dans la partie concave, c'est la disposition du crochet qui se remarquait au dos de l'instrument. Ce crochet était fixé à 0^m235 de la douille ; il était de 0^m02 à sa base, il se coudait à angle droit, à une distance égale et se prolongeait, en s'amoindrissant, sur une longueur de 0^m05 ; il se terminait, non par une pointe aiguë, ce qui lui eut donné un caractère offensif, mais par une petite volute arrondie (1).

(1) Dans la notice de M. G. Prévost, dont nous avons déjà parlé, ce caractère particulier ne paraît pas avoir été remarqué.

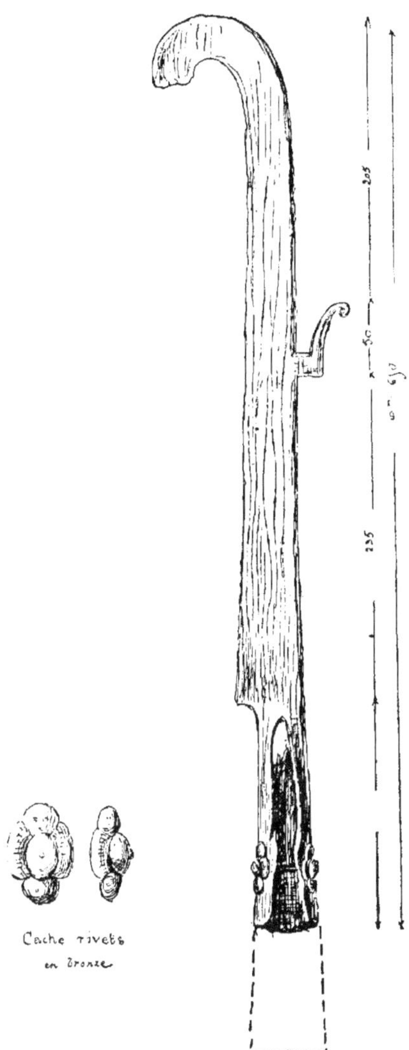

FAUCHARD MÉROVINGIEN

Quelle était la destination de ce crochet ? Servait-il à porter l'arme, à arrêter les coups d'une épée qui aurait glissé le long du dos de l'instrument, nous ne saurions le dire, mais ce que nous pouvons affirmer, c'est qu'il n'avait rien de menaçant pour les adversaires du guerrier qui s'en servait.

Viollet-Leduc, dans son *Dictionnaire du mobilier* (t. V, p. 120), indique les transformations subies par cette arme, qui, au XIIIe siècle, apparaît avec son caractère offensif de lame longue et aiguë, avec deux appendices latéraux en forme de serpe ou de faucille ; il donne les différents modèles qui se sont succédés jusqu'au XVIe siècle et les formes de la vouge du XVe siècle, modification du fauchart. Mais la faux ou le fauchart de Saint-Ouen présente par sa forme, par son bon état de conservation, des caractères sur lesquels nous avons dû insister.

Après les armes, nous sommes naturellement appelés à parler des ceinturons destinés à les soutenir. Des spécimens intéressants ont été successivement recueillis dans les tombeaux n°s 14 (l'un des plus remarquables), 32, 47, 49, 54, sans parler de la petite bouclerie des n°s 49, 52, 60, 82 et 88, qui reproduit d'une façon absolument exacte, ce qui établit l'identité de fabrication, les différents spécimens que donne M. l'abbé Cochet, à la page 137 de sa *Seine-Inférieure historique et archéologique*.

Ceux du n° 14 doivent particulièrement attirer notre attention. La sépulture où nous les avons rencontrés était d'une richesse exceptionnelle. Peut-être contenait-

elle les restes de deux défunts. Au moment où l'ouverture en a été faite, une boîte osseuse cranienne reposait
à côté d'une machoire d'adulte admirablement conservée; appartenaient-elles au même individu, nous n'avons
pu le constater. Malheureusement ce sarcophage, noyé
dans les fondations du côté du nord, auxquelles il s'appuyait, était rempli, sur une hauteur de plusieurs centimètres, d'un dépôt sédimenteux calcaire, imprégné
d'humidité, qui, surtout vers les pieds, agglutinait
entièrement les richesses sépulcrales de ce sarcophage.

Parmi elles se distinguaient deux plaques et contreplaques de ceinturon dans un état parfait de conservation.

La première en bronze, recouvert d'une épaisse lame
d'argent, avait une longueur totale, la plaque avec l'ardillon, de 0^m132; la contreplaque, de 0^m90.

Elle était absolument semblable aux deux spécimens
qui ont été trouvés, l'un dans les caves du presbytère
de Saint-Ouen, lors d'une fouille exécutée en 1838, et
qui fut alors offerte par le Président de la Fabrique au
Musée des Antiquités, et l'autre par M. l'abbé Cochet,
dans les fouilles d'Envermeu (1).

L'ornementation générale se compose d'abord des
cinq têtes de rivet, placées 2, 2 et 1, tant sur la plaque
que sur la contreplaque, d'une bordure en dents de scie,
qui les encadre et continue à dessiner les bords de la
plaque; le reste est rempli de petits carrés de forme

____

(1) *Bulletin de la Commission des Antiquités*, t. II, p. 245.

PLAQUES DE CEINTURON ET STYLE MÉROVINGIENS

irrégulière, encadrés dans des carrés plus grands, dont les dimensions dans leurs deux largeurs varient de 4 à 6 millimètres ; l'ardillon, dans sa partie plate, en forme de spatule, est orné d'une quatrefeuille entourée d'une grecque bordée d'une sorte de ruban en dents de scie ; le même ornement décore la boucle sur laquelle repose l'ardillon.

L'autre plaque est d'une forme beaucoup plus rare. Elle est en bronze découpé à jour.

PLAQUES DE CEINTURON A JOUR

La plaque, haute de 0ᵐ097, large de 0ᵐ072, est arrondie en demi-cercle du côté opposé aux ardillons, qui sont au nombre de quatre.

La contreplaque présente la même hauteur sur une largeur de 0ᵐ05 centimètres.

Il semble que sur la plaque on ait voulu figurer deux oiseaux, au long col arrondi, becquetant un motif central, dont la représentation est difficile à saisir ; l'ornementation des pleins de la plaque consiste uniquement dans un semis de petits ronds de 0ᵐ003 de diamètre, avec un point central gravé en creux.

Il y avait aussi dans cette tombe six petites pendeloques en bronze, dans le genre de ces objets que M. l'abbé Cochet, dans sa *Seine-Inférieure historique et archéologique* (1), appelle des terminaisons de ceinturon. Ils avaient le même mode d'ornementation que la plaque, mais en outre, portaient à la partie supérieure une tête humaine en relief, ce qui nous autorise à les signaler comme particulièrement dignes d'intérêt.

D'autres plaques de ceinturon ont été trouvées dans les tombeaux que nous avons cités ; elles étaient également précieuses, mais mal conservées.

L'usage de ces boucles de ceinturon paraît s'être prolongé jusqu'au moyen-âge ; M. Viollet-Leduc, dans son *Dictionnaire du mobilier*, v° *Baudrier* (2), reproduit un modèle de plaque dont les dimensions sont inférieures aux nôtres, et indique que l'ardillon n'était pas mobile, mais fixé par un rivet à la plaque.

(1) P. 138.
(2) Tome V, p. 190.

Cette disposition n'était celle d'aucune des plaques
que nous avons eues sous les yeux : l'ardillon comme
la boucle étaient tous deux mobiles et susceptibles de
tourner autour d'un axe central, seulement le mouvement de l'ardillon était paralysé par la tête plate qui le
terminait, et qui, en s'appuyant sur la plaque, l'empê-
chait de se relever. Le mouvement contraire était seul
possible.

Dans cette tombe (1), un objet assez difficile à définir
s'est également rencontré : des cercles de bronze d'un
diamètre d'environ 0^{m}065 millimètres, adhérents à une
substance décomposée, pouvant être du cuir ou du bois,
et au milieu de ces cercles deux plaques métalliques,
décorées en relief à l'aide d'un estampage. Étaient-ce des
vases funéraires ayant contenu de l'eau bénite ou des
parfums, nous n'oserions le décider. Deux cercles iden-
tiques se sont rencontrés dans le cercueil n° 65, placé à
l'étage inférieur de la fouille. Ils adhéraient également
à une substance brune indéterminée, mais les plaques
métalliques ne s'y rencontraient pas.

M. l'abbé Cochet avait trouvé à Envermeu les restes
de quatre sceaux en bois garnis de bronze doré, et il
appelait l'attention sur ces pièces fort rares dans les
sépultures franques (2); mais leurs dimensions sont de
beaucoup supérieures à celles dont nous parlons.

Un autre objet, recueilli dans le tombeau n° 65, devait
également attirer notre attention ; formé de deux pla-

(1) V. notre procès-verbal, à la date du 12 décembre : une erreur
typographique lui donne le n° 15.

(2) Procès-verbal de la Commission des Antiquités, t. II, p. 54.

ques d'ivoire, laissant entre elles un espace libre d'environ 0^m002, ces plaques posées entre deux montants de même matière, et immobilisées au moyen de deux anneaux plats d'argent, qui les encastraient haut et bas, il avait dans son ensemble 0^m04 de large sur 0^m065 de haut. Dans la partie supérieure, l'une des plaques se prolongeait de chaque côté en forme d'anneau, une élégante chaînette en bronze s'y adaptait et permettait de porter cet objet à la ceinture.

Quelle était sa destination ?

Nous osons en risquer une : ne peut-on admettre que, dans le vide ménagé à l'intérieur on pouvait introduire une feuille d'ivoire enduite de cire, destinée à tracer des notes fugitives, sorte de memento journalier remplaçant, à l'époque gallo-romaine, les élégants carnets de nos jours.

Parmi les objets délicats révélés par les fouilles, nous mentionnerons encore les styles ; on n'en a trouvé que trois, tous placés à la hauteur de la poitrine ; le premier, dans le n° 14, déjà mentionné ; le troisième, dans une tombe découverte à la fin des fouilles, dans la galerie de prise d'air, vers l'ouest ; le second et le plus précieux, aussi bien par son état de conservation que par le fini de son travail et la nature des métaux, argent et or, qui le constituaient, dans une des tombes de l'étage absolument inférieur, le n° 81 (1).

M. l'abbé Cochet en a rencontré dans ses fouilles un certain nombre, et donne, pages 121 et 134 de sa *Seine-*

(1) V. notre procès-verbal, 15 décembre et le dessin, p. 38.

Inférieure historique et archéologique, les dessins assez rudimentaires de quelques-uns d'entre eux. Ce dépôt dans la sépulture avait sans doute une significa- tion et devait se trouver en rapport avec la profession du défunt.

Les Bulletins de la Commission des Antiquités men- tionnent la découverte d'un certain nombre de styles, pas en assez grand nombre cependant pour que la dé- couverte n'en constitue pas toujours une rareté archéo- logique.

Presque tous sont en bronze : ainsi à Criel, 1866, « offrant tous une boule carrée vers le bout aplati (1) » ; à Caudebec-lès-Elbeuf, Sommery et Rouen, 1868 ; à Blangy, 1871 ; car c'est ainsi que nous comprenons les mots « stylets » employés dans le récit de la fouille (2).

Rarement en argent : ainsi à Sommery, 1867. Mais très exceptionnellement en or et argent ; nous n'en con- naissons qu'un exemple rapporté par M. l'abbé Cochet ; il l'a rencontré à Nesle-Hodeng, en 1869, au milieu d'objets d'une richesse inusitée, et il le décrit ainsi : « Un stylet d'argent revêtu d'une feuille d'or (3). »

Celui retrouvé à Saint-Ouen est également d'argent revêtu d'une feuille d'or ; sa longueur totale est 0^{m}244. A 0^{m}069 de l'extrémité supérieure du style, terminé par la petite spatule traditionnelle, destinée à effacer les caractères que la pointe avait tracés sur la cire, se présente un renflement central, long de 0^{m}020, large

(1) *Bulletin de la Commission des Antiquités*, I, 119.
(2) *Ibid.*, p. 185 et 374.
(3) *Bulletin, ibid.*, t. I, p. 447.

de 0^m030. Les carres en sont abattues de manière à laisser sur chaque face un petit médaillon octogonal. Sur deux des côtés est figurée, en creux rempli d'émail, une croix pattée; sur les deux autres une croix en sautoir. Au-dessus et au-dessous du renflement actuel, le style est recouvert d'un petit fourreau d'or, long de 0^m036 dans le haut, de 0^m030 dans le bas, et agrémenté dans le haut de quatre doubles anneaux de même métal, de trois dans le bas.

C'est un objet délicat et charmant. retrouvé absolument intact au moment de l'ouverture du sarcophage, mais dont la partie inférieure, en argent, altéré probablement par ce long séjour dans la terre, s'est brisée en trois morceaux à la suite de petits chocs auxquels il s'est trouvé ultérieurement exposé, fracture d'ailleurs facile à réparer.

Les deux autres styles étaient beaucoup moins intéressants; le dernier était en bronze fort simple et n'avait que 0^m157 de long; celui trouvé dans le sarcophage n° 14, long de 0^m217, était, nous le croyons, en argent, agrémenté également d'un petit fourreau de métal rapporté; mais l'oxydation l'avait singulièrement détérioré, et il ne présentait aucune partie en or.

A côté de cet objet de véritable orfèvrerie, nous placerons immédiatement les deux jolies fibules en or et argent, décorées de filigranes d'or et de pierres précieuses, découvertes dans le sarcophage n° 54 (1). Ce n'est pas la première fois que, dans notre Haute-Nor-

____

(1) V. notre procès-verbal, 13 décembre.

mandie, l'archéologie fait de semblables découvertes.
M. l'abbé Cochet, que nous sommes toujours obligés de
citer dans ces questions où il s'était créé une véritable
spécialité, a mentionné des fibules d'un travail presque
analogue, rencontrées sur les points les plus variés
du département : à Parfondeval en 1851, à Caudebec-
lès-Elbeuf en 1854, à Avesnes-en-Bray en 1866, à
Sommery en 1868, à Nesle-Hodeng en 1869.

Les volumes de la Commission des Antiquités et le
beau travail sur la *Seine-Inférieure historique et
archéologique* contiennent les détails de ces découvertes

FIBULES MÉROVINGIENNES

et des dessins, peut-être un peu rapides, mais permettant
tout au moins de constater la grande similitude de ces
fibules avec celles que les fouilles de Saint-Ouen ont
révélées (1).

En 1869, M. l'abbé Cochet avait fait estimer par les
experts de Paris une de ces paires de fibules (2), et ils

(1) *Procès-verbaux de la Commission des Antiquités*, t. II.
p. 402 et *Bulletin*, t. I, pp. 200, 276 et 447, t. I, 85, et *Seine-Inférieure archéologique et sépulcrale*, loc. cit.

(2) *Procès-verbaux*, II, 85.

lui avaient donné une valeur d'au moins cinq cents francs, ce qui aujourd'hui serait sans doute bien au-dessous de la valeur réelle.

Voici quelles sont les dimensions et la disposition de celles de Saint-Ouen :

Elles sont, comme les autres, parfaitement rondes ; leur diamètre total est de 0^m350. Elles sont du plus gracieux effet : un rebord plat de 0^m004, forme encadrement ; il est en argent ; on y remarque la trace d'une ornementation en dents de scie, qui s'accuse en poli sur un fond mat. A l'intérieur de cet encadrement, un cercle divise le bijou en deux parties : au centre, il se relève en cône sur un diamètre de 0^m014, d'où émerge une perle enchâssée formant la partie centrale du bijou ; de chaque côté du cône, un décor filigrané raccorde le petit cercle de séparation à la sertissure de la perle ; autour de cette partie centrale, un cercle large de 0^m006 est divisé en huit parties par quatre pierres de forme trian-gulaire, appointées vers le centre : émeraudes et gre-nats, et quatre petits rivets de forme arrondie, faisant ornement et paraissant destinés à fixer la feuille d'or dans laquelle sont enchâssées les pierres ; des vides sont remplis par un travail de filigrane en forme de 8, trois entre chaque pierre.

Dans le même sarcophage que ces fibules, se trouvait un cercle de bronze, dont la présence paraît avoir exercé l'esprit ingénieux des archéologues sans leur avoir permis une attribution bien définitive. A la diffé-rence des fibules dont nous venons de parler, véritables broches, offrant comme nos broches modernes, à la face

interne, un ardillon mobile se fixant par forcement
dans un arrêt semi-sphérique, ces cercles n'offrent d'aucun côté la trace d'un mode d'attache quelconque. Ils
devaient par conséquent être cousus.

CERCLE DE BRONZE

Dans la *Seine-Inférieure historique et archéologique,* à propos d'objets semblables, trouvés à Saint-
Maclou-de-la-Bruyère, M. l'abbé Cochet s'exprimait
ainsi : « Ce genre d'ornements formant la rose décou-
pée est assez fréquent dans les sépultures franques ou
teutoniques. Cependant on ne le rencontre que sur des
morts de distinction. Jusqu'à présent on n'a pu en déterminer clairement l'usage. Nous croyons cependant qu'il
se rattache au ceinturon, dont il devait former la pa-
rure » ; et il cite des découvertes du même genre, faites
à Envermeu, à Montescourt-Ligerolles, en Beauvaisis,

à Saint-Martin-du-Val, aux portes de Chartres, et jusqu'à Nordendorf, en Bavière.

Ceci était écrit en 1864. En 1868, il trouvait encore,
à Sommery, dans une fouille où se rencontraient des
fibules analogues aux nôtres, « une rouelle ou cercle
à jour et décorée de serpents enlacés (1) » ; et il ajoutait : « Ce curieux objet était vraisemblablement un
ornement du ceinturon des femmes. »

Nous serions tout disposé à nous rattacher personnel-
lement à cette supposition, d'autant mieux que les fibules
dont nous venons de parler nous paraissent n'avoir
jamais pu convenir qu'à la toilette d'une femme ; nous
sommes cependant obligés de rappeler que la tombe où
on les a rencontrées (2), contenait des plaques de ceinturon, des fragments d'épées, et qu'en outre cet objet a
été trouvé, non à la ceinture, mais à la hauteur de
l'épaule.

Nous ne terminerons pas cette revue des objets les
plus curieux provenant des fouilles, sans mentionner,
avec les deux œufs, symbole de résurrection, trouvés
dans le sarcophage d'un enfant (3), le très curieux vase
en verre blanc, fiole ou *œnochoë*, haute de 0^m162, au
goulot trefflé, à l'anse délicate de forme sinueuse,
n'offrant d'autre ornement sur la panse que de légers
filets en relief, se détachant à trois places : au-dessus du

(1) *Procès-verbaux* de la Commission des Antiquités, I, p. 275.

(2) V. notre procès-verbal, 13 décembre.

(3) V. notre procès-verbal, 12 décembre, et *Bulletin de la Commission des Antiquités*, t. VI, p. 474.

goulot, au-dessus de l'attache de l'anse, et à la partie inférieure de la panse.

Nous avons raconté ailleurs (1) par quel heureux concours de circonstances on l'avait ramené intact. Il formera l'un des spécimens les plus intéressants du Musée départemental.

Disons encore, et nous venons ici confirmer une observation déjà faite en 1871 par M. l'abbé Cochet, que les monnaies et les vases étaient d'une rareté extrême. Le vase de verre dont nous venons de parler est le seul trouvé dans les fouilles, et quant aux monnaies, il n'y en a eu que quatre, en bronze, du plus petit modèle, dont deux complètement frustes. Sur les deux autres on distingue un Probus (diamètre 0^m024) et un Constantin (2) (diamètre 0^m017) ou un de ses fils, reconnaissable à son revers ; autour d'un étendard portant les lettres VOT, aux pieds duquel sont assis deux captifs, se lit la légende : XX VIRTVS EXERCIT.

Quelles qu'elles soient cependant, et bien qu'elles n'aient pu confirmer ces traditions de sépultures royales que nous rappelions en commençant, les fouilles de Saint-Ouen sont venues fournir quelques documents nouveaux à l'histoire ; et c'est une satisfaction précieuse pour l'archéologue que la conservation désormais assurée de tous les objets qui en proviennent. La Fabrique

(1) *Ibid.*, 15 décembre.

(2) Leur diamètre est de 0^m015 et 0^m016 : sur l'une d'elles on aperçoit les pointes aiguës de la couronne d'un souverain du Bas-Empire.

de Saint-Ouen, avec une générosité qui l'honore, en a fait don au Musée départemental, et cette décision sera vivement appréciée par tous ceux qui ont le culte du passé.